Edmond TEULET

Chansons
du
Siècle dernier

PRÉFACE DE

M. JULES CLARETIE

DE L'ACADÉMIE FRANÇAISE

1901

ÉDITION DU GRILLON

COUTAREL, 13, faubourg Montmartre, PARIS

(*Tous droits réservés*)

Ma carte de visite à mon aimable cousin Maurice Lenoir avec tous mes meilleurs vœux pour 1901.

Chansons
du Siècle dernier

ÉDITION DU GRILLON

(13, FAUBOURG MONTMARTRE.)

Du même auteur :

La Chanson du Grillon, 1 volume............ 3 50
Pierrot Mendiant, un acte en vers, 1 volume.... 3 50
Jeanne d'Arc, une plaquette (rare)............. 1 »
Une Halte du Roman comique, une plaquette 1 »

Chez Eugène Fromont, 40, rue d'Anjou

Fripouille, une plaquette..................... » 50
Œufs de Pâques .... » 60
Premières Chansons, album.................. 5 »
Chansons à Mignonne (musique de F. Le Rey).. 5 »

En préparation :

Chansons sans lendemain.
Chansons du Bonnet de Phrygie.

Edmond TEULET

Chansons du Siècle dernier

PRÉFACE DE
M. JULES CLARETIE
DE L'ACADÉMIE FRANÇAISE

Musique de :

P. Blétry, E. Baudot, H. Bresles, G. Charton, D. Dihau,
L. Delerue, G. Fragerolle, G. Gourlier, J. Gauchin,
P. Henrion, Ch.-L. Hess, Eug. Hyard, E. Legrand,
G. Marietti, Esteban Marti,
J. Maquaire, Ch. Pourny, Eug. Poncin, J.-J. Rousseau,
Eug. Stœrkel, Ben Tayoux, Ed. Teulet.

Dessins de :

Grün, J., Guglielmi, Guillaume, Ch. Léandre,
M.-G. Lami, M. de Lambert, Lampuré, L. Malteste, F. Mezzara,
L. de Monard, M. Neumont,
E. Pichio, A. Perret, G. Redon, G. de Scevola, Widhopff.

1901
ÉDITION DU GRILLON
COUTAREL, 13, faubourg Montmartre, PARIS
*Tous droits réservés pour tous pays y compris
la Suède et la Norvège.*

Préface

PRÉFACE

Béranger et la Chanson

(FRAGMENT)

Chansons du Siècle dernier

Tel est le joli titre que donne M. Edmond Teulet à la gerbe de ses couplets les plus connus. Le siècle qui s'éteint fut en effet, et plus encore que le XVIII°, le siècle de la Chanson ; le nom de Béranger est une de ses parures et en toute justice la statue du poète de *Lisette* le prêtre du *Dieu des Bonnes Gens*, a été dressée — hommage au maître du fredon — dans un des squares populaires de son cher Paris.

Béranger! Souvenir de jeunesse. Au mois de février 1865, je faisais dans la salle de la rue Cadet une lecture, réunie depuis dans un volume de moi, la *Libre Parole*, et, le lendemain, un arrêté ministériel m'interdisait de prendre désormais la parole sous le prétexte que j'avais dit trop de vérités à propos du chansonnier.

Quatorze ans plus tard, le dimanche 13 avril 1879, je faisais, en toute liberté cette fois au théâtre du

II

Château-d'Eau (1), une conférence sur le sujet jadis interdit. Et j'apportai, selon mes forces, une pierre à la statue de Béranger.

Une statue à Béranger! Il eût été bien étonné si on lui eut dit qu'un jour on lui élèverait une statue, alors qu'il refusait un mausolée de marbre et interdisait qu'on prononçât le moindre discours au bord de sa tombe.

Et pourtant personne n'est plus digne d'une statue que cet enfant du peuple, qui chanta pour le peuple et dont on peut dire aussi, comme il le disait de son ami le tribun Manuel :

> Bras, tête et cœur, tout était peuple en lui !

Je suis heureux que M. Teulet me donne une occasion nouvelle de vous parler de cette forme éternelle de l'esprit français, la chanson, et de l'immortel chansonnier qui éleva ses refrains jusqu'en plein azur comme l'alouette gauloise.

Je ne dirai rien du Béranger des flonflons, de celui qu'on se figure sous la treille, le verre en main, la pourpre du vin sur les lèvres. C'est ce Béranger-là, je le sais, qui fut tout d'abord populaire, c'est lui, dont on fredonna tout d'abord les refrains ; c'est le Béranger épicurien et badin, à qui Désaugiers disputerait peut-être la palme de la bonne humeur. Mais c'est une qualité secondaire à mon avis, que d'être le boute-en-train de la table et des *Soupers de Momus*; un bon vivant ne vaudra jamais un bon mourant. Le Béranger voltairien et satirique, celui qu'on détestait à Montrouge et qu'on eût volontiers excommunié à Rome, a pourtant vaillamment

---

(1) Représentation au profit du monument Béranger.

III

lutté dans ses chansons narquoises, fort ennemies du moyen-âge, qui sentaient leur dix-huitième siècle et qui piquaient droit à leur but, barbelées comme des flèches.

. . . .

Cela est si bon la clarté, le sens commun, la vérité, la gaieté, la santé, — toutes ces choses si françaises, — et ces chansons de Béranger consolent des abaissements de la littérature qui se fait triviale en croyant se faire vraie, et des turpitudes de certains refrains traînés aux parodies des ruisseaux !

Ceux qui, en ces temps derniers, ont contesté à Béranger sa valeur littéraire et morale, n'ont pas voulu, n'ont pas su voir peut-être, quelle était la note maîtresse de la poésie de Béranger, cette note patriotique, véritablement populaire, simple, comme tout ce qui est grand, et qui, partie du peuple, allait droit vers le peuple par le plus court chemin : la clarté. Ils n'ont pas vu que Béranger voulait surtout enseigner ; ils ont oublié tous ces vers proverbes qui courent les mémoires comme des maximes de Voltaire, tous ces préceptes de dévouement ou de bonté, de patriotisme et de liberté, que Béranger a fait passer dans tous les cœurs, parce qu'il les a trouvés dans le sien. Et croyez-vous, d'ailleurs, que Béranger eût l'orgueil de se comparer aux plus grands maîtres ? « Je n'ai que de l'esprit, disait-il un jour, et Lamartine a du génie ! » Mais c'est beaucoup en France que d'avoir de l'esprit et surtout d'avoir le bon esprit et le courage de s'en servir. — « Savez-vous comment je vous appelle, Béranger ? lui disait un jour M. Thiers. Je vous appelle l'Horace français. — Que dira l'autre ? » répondit le poète en souriant.

IV

C'est encore Béranger qui écrivait très modestement à Brazier :

> Si l'on dit que j'ai fait des odes,
> N'en crois rien, j'ai fait des chansons.

Il le savait bien, d'ailleurs, que son titre véritable son titre devant la postérité, ce serait celui de *chansonnier*. Avec son bon sens aiguisé, il ne dédaignait pas ce nom, qui n'eût point suffi à une ambition plus haute.

Il savait que la chanson, cette chose charmante, ailée, légère, est véritablement française. C'est avec des chansons, qu'au temps passé, on enlevait les fillettes et les villes ! Un refrain électrisait une armée ; une ariette faisait battre un cœur ! Quelle puissance qu'une chanson ! Napoléon, partant pour la campagne de Russie, et montant en selle, fredonnait entre ses dents un refrain et c'était *Malboroug s'en va-t-en guerre*. Sur presque tous les cadavres des grenadiers de la garde, à Waterloo, les Anglais ramassaient de petits cahiers de papier imprimé, et c'étaient des cahiers de chansons. Depuis la *Chanson de Roland*, que chantaient les preux bardés de fer, jusqu'à la *Chanson du salpêtre*, que jetaient au vent les soldats de Sambre-et-Meuse, c'était une chanson qui, combattant avec les Français, leur avait gagné la victoire.

Voltaire disait, à propos des chansons, que, « pour bien réussir dans ces petits ouvrages, il faut, dans l'esprit de la finesse et du sentiment, avoir de l'harmonie dans la tête, ne point trop s'élever, ne point trop s'abaisser, et savoir n'être pas trop long ! » Béranger fit de ces « petits ouvrages » dont parlait Voltaire de grandes œuvres et il ajouta comme une parure nouvelle à notre littérature nationale.

V

Il fut, il est le *chansonnier*, comme La Fontaine est le *fablier*. Et ne savait-il pas tout ce que vaut la chanson ? Ne savait-il pas quelle arme terrible elle est entre une main habile ? La chanson, comme la baïonnette, est une arme française ! C'est l'héroïsme des Douze Pairs que nos premiers soldats chantaient en allant aux batailles. C'est la chanson de *Robert Wace* que fredonnaient nos serfs courbés sous leurs seigneurs. C'est en chantant, que Jacques Bonhomme oubliait ses douleurs ou vengeait ses injures. Les chansons contre la Ligue traversaient l'air de Paris décimé, assiégé, affamé. Les chansons contre le Mazarin faisaient, comme les chants d'Amphion, remuer les pavés et se dresser les barricades de la Fronde. La royauté tombait au refrain d'une chanson, et la patrie renaissait aux accents de la *Marseillaise*. Les classiques du peuple ce sont les chansonniers.

Et Béranger, encore une fois, le savait bien ! Il ne dédaigna pas, lui, ces refrains qui couraient les carrefours : il les adopta et les ennoblit ! Ses chansons furent ce qu'était la Chanson elle-même, tantôt joyeuses comme le vin au soleil, tantôt sombres comme un grondement du tonnerre, allant d'Olivier Basselin à Parny et de Boufflers à Tyrtée, amoureuses et sceptiques, railleusement attendries, pleines de larmes et de menaces, de consolations et de représailles, accablées comme une armée en déroute, triomphantes comme un peuple victorieux ! Mais toujours, toujours elles gardèrent le ton populaire, toujours Béranger resta fidèle à sa devise : *Le peuple, c'est ma Muse !* Toujours il se souvint qu'il parlait à ceux qui n'avaient pas le temps de lire et qui étaient affamés de savoir.

. . . .

VI

Deux traits de son enfance nous montrent déjà ce qu'il sera dans l'avenir : chansonnier et voltairien. A la pension du faubourg Saint-Antoine, où il passa fort peu de temps, une grande chose et un homme célèbre l'avaient frappé à la fois. L'homme, c'était Favart, alors âgé de soixante-dix-neuf ans, et qui venait là visiter son petit-fils et s'asseoir sous une tonnelle où grimpaient les pois de senteur. Béranger, enfant, contemplait l'octogénaire, et il l'entendit, un jour, qui disait, évoquant les souvenirs envolés : « Le maréchal de Saxe m'avait intitulé le chansonnier de l'armée! » Chansonnier! Ce nom faisait instinctivement battre le cœur de cet enfant, qui allait devenir un grand homme, et qui admirait le vieux « chansonnier de l'armée », lui qui allait se faire le chansonnier d'une nation!

. . . .

Pendant la Restauration, Béranger fut un conspirateur en son genre; il organisa le *carbonarisme des chansons!*

Sa franchise d'ailleurs lui coûta cher. On sait qu'elle le mena plus d'une fois en prison.

> Pour un interrogatoire
> Au Palais comparaissons;
> Plus de chansons pour la gloire!
> Pour l'amour plus de chansons!
> Suivez-moi, c'est la loi,
> C'est la loi, de par le Roi!

Ils chantent, ils paieront! disait Mazarin, lorsque par les fenêtres du Palais-Cardinal lui arrivaient les refrains de la Fronde. Béranger, emprisonné, disait, un an avant 1830, à Charles X : « Vous m'empêchez de chanter, mais vous me le paierez, Sire! »

VII

C'est dans la pièce intitulée : *Mes jours gras de 1829*.

> Mon bon roi, Dieu vous tienne en joie!
> Bien qu'en butte à votre courroux,
> Je passe encor, grâce à Bridoie,
> Un carnaval sous les verrous.
> Ici fallait-il que je vinsse
> Perdre des jours vraiment sacrés!
> J'ai de la rancune de prince :
> Mon bon roi vous me le paîrez!

Et, en effet, bientôt, un an après, Charles X prend pour ministres de ces hommes qui semblent, comme on l'a dit, avoir pour mission de précipiter les pouvoirs du haut des tours Notre-Dame et qui tuent les gouvernements en renaissant eux-mêmes à toutes les époques. 1830 arrive. Tous les amis de Béranger montent au pouvoir. Lui seul reste au coin de son feu. Il ne demande rien. Si fait, il demande à ses amis, devenus ministres, d'obliger de pauvres diables et des malheureux. Béranger est toujours en sollicitations pour autrui. Toute sa Correspondance est remplie de ses bonnes œuvres. Glorieux, il console ceux qui luttent. Pauvre, il partage avec ceux qui souffrent. Les fusils des combattants de Juillet étaient bourrés de ses chansons. Mais au bas des barricades, il ne ramasse ni habit brodé, ni portefeuille. Il le dira en 1848; il ne ramasse que les blessés!

On a accusé Béranger d'être un égoïste et de choisir une pose toute particulière, celle du désintéressement. C'est un étrange égoïsme, on l'avouera, que celui qui consiste à vivre de peu pendant toute une existence et à s'oublier soi-même, en se souvenant toujours des autres. Une pose qui dure soixante ans n'est ni une attitude ni une habitude. C'est un exemple.

VIII

Béranger logeait alors dans une rue de Paris fort éloignée à cette époque du centre vivant, une rue que Victor Hugo habitait aussi, et d'où il partit pour l'exil.

« Près de la barrière des Martyrs, sous Montmartre, nous dit Chateaubriand dans ses *Mémoires d'outre-tombe*, on voit la rue de la Tour-d'Auvergne. Dans cette rue, à moitié bâtie, à demi pavée, dans une petite maison retirée, derrière un petit jardin et calculée sur la modicité des fortunes actuelles, vous trouverez l'illustre chansonnier. Une tête chauve, un air un peu rustique, mais fin et voluptueux, annoncent le poète. Je repose avec plaisir, ajoutait Chateaubriand, mes yeux sur cette figure plébéienne après avoir regardé tant de faces royales. » Et l'écrivain légitimiste compare ces types si différents : « Sur les fronts monarchiques on voit quelque chose d'une nature élevée, mais flétrie, impuissante, effacée ; sur les fronts démocratiques paraît une nature physique commune, mais on reconnaît une nature intellectuelle haute ; le front monarchique a perdu la couronne, le front populaire l'attend. »

Béranger n'était pas riche, — quoiqu'il eût fait la fortune de son éditeur. — mais il l'était assez pour essuyer, lui aussi, bien des larmes. Je pourrais citer bien des traits de sa bonté. Je n'en choisirai qu'un. Il est tout simple, sans fracas, mais il peint l'homme :

Béranger avait pour ami un pauvre garçon qui passait ses journées enfermé dans un bureau de la douane, je crois, et qui le soir faisait des vers. A ce commerce, le poète inconnu gagnait peu de chose et se fatiguait beaucoup. Il vint à perdre sa place : « Eh ! bien, se dit-il, mes vers me nourriront ! » Et il fit des vers de plus belle. Je n'ai pas besoin de vous dire que la poésie le tenait à la diète. Et le pauvre homme avait un enfant !

IX.

Le jour de l'an venu, il envoyait régulièrement son petit garçon chez Béranger, réciter une fable.

Au jour de l'an 1857, Béranger vit accourir le gamin tout souriant avec sa fable sur les lèvres. — « Ah! ah! c'est toi, mon enfant? Voyons, serons-nous bien sage cette année? » Le petit en fit le serment et récita la fable, œuvre de son père. Quand il eut fini, Béranger lui frappa sur la joue, l'embrassa et lui mit entre les mains une boîte de bonbons. — « Tiens, voilà pour te récompenser. Aie bien soin de ces dragées et ne les mange pas toutes à la fois! »

L'enfant revint chez son père, apportant les bonbons comme un trophée. Il en fut économe, il n'en mangeait qu'aux jours de fête, et le chansonnier était mort que la boîte durait encore. Inutile de dire que le père de l'enfant qui faisait toujours des vers, était toujours aussi pauvre. Un soir qu'il était rentré triste, après une journée de courses, de tentatives et de démarches vaines, l'enfant accourut vers lui, tenant à la main un chiffon de papier : — « Tiens, regarde, papa! J'ai fini mes dragées! et voilà ce qu'il y avait au fond de la boîte! » — Il y avait un billet de deux cents francs que Béranger avait discrètement caché pour le père parmi les bonbons donnés à l'enfant. Et ce fut seulement à travers la pierre d'une tombe que le pauvre poète inconnu alla dire merci au poète illustre qui faisait ainsi le bien en se cachant, comme d'autres font le mal.

En août 1880, il y a eu cent ans que Béranger naissait dans une rue de Paris, près des Halles, comme Molière : « Si l'on choisissait son berceau, a-t-il dit lui-même, j'aurais choisi Paris, qui n'a pas attendu notre grande Révolution pour être la ville de la liberté et de l'égalité et celle où le malheur rencontre peut-être le plus de sympathie. Je vins au monde le 19 août 1780,

X

chez mon bon vieux grand-père Champy, tailleur, rue Montorgueil. » La maison était encore debout, lorsque Béranger écrivait ces lignes. Elle est maintenant démolie et depuis bien des années. Grâce à l'initiative du journal *la Chanson*, on montre à Paris la statue du chansonnier. C'est au square du Temple, tout près de la rue de Vendôme, aujourd'hui rue Béranger, que s'élève cette statue. Charlet le dessina, une chanson populaire, d'il y a tantôt cinquante ans, nous le représentait passant dans la rue :

> Son grand feutre gris sur la tête
> Et son cep de vigne à la main.
> Sans que pluie ou soleil l'arrête,
> On le voit toujours en chemin.
> En marchant, parfois il compose
> Les rimes d'un couplet nouveau,
> Et chaque rue où son pied pose
> Lui coûte dix coups de chapeau (1).

Oui certes, et tel il est resté dans la mémoire du peuple de Paris. Il a laissé, quoi qu'on ait fait contre sa gloire, le souvenir d'un homme qui fut un bon homme et un homme libre. Ses traits, sa calvitie, sa longue redingote, sa canne, sont aussi populaires, aussi présents à la mémoire que le rictus, la perruque et la canne de Voltaire. Béranger fait partie de ce Panthéon du peuple qu'on ne démolit pas. Les humbles figurines en plâtre, qui passent sur la tête du colporteur, sont plus solides encore que les statues de marbre et plus durables que les bronzes.

Et savez-vous pourquoi le peuple l'aime, ce Béranger qu'on voudrait nous présenter vieilli de réputation, usé, éteint et comme disparu ? C'est que ce conseiller

(1) Ces vers sont de M. Eug. Baillet.

du peuple ne lui a jamais rien demandé et l'a toujours servi. C'est qu'il a renversé un trône sans en ramasser les débris pour lui-même. C'est qu'il a été un homme de révolution sans être un profiteur de révolutions. C'est qu'il a salué, prédit, appelé un des premiers la Liberté, et cela sans coûter à sa patrie ni un sou, ni une larme, ni une goutte de sang.

. . . .

Oui, le XIXe siècle restera le siècle de la Chanson, ses fervents lui ont élevé trois statues : Béranger à Paris, Nadaud à Roubaix et Dupont à Lyon.

Pour en revenir aux refrains, aux odelettes, aux jolies *Chansons du siècle dernier* de M. Edmond Teulet, le bon chansonnier, qui connaît la joie d'être parodié par les revuistes et fredonné dans tous les carrefours, c'est un volume de plus ajouté à cette bibliothèque de la chanson, qui compte, sur mes rayons, tant de noms aimés, nouveaux et divers.

Ah ! l'immortelle chanson !

On ne l'empêchera jamais de battre de l'aile au-dessus des polémiques et des drames de l'histoire. Surtout à Paris. C'est une façon de libre passereau que rien n'arrête et ne fait taire, cette chanson. En pleine Terreur, il fut impossible d'empêcher certains chanteurs des rues de répéter les refrains pleurant la mort de Louis XVI. Il faut toujours, éternellement, que ce peuple chante.

L'autre jour, à la brune, je vois un gros attroupement, près du boulevard, auprès du pavillon de Hanovre. Dans le soir tombant, aux lueurs indécises du crépuscule, des étincelles s'allumaient au-dessus d'une masse noire, sur des casques de dragons perdus dans la foule. Il y avait là des hommes, des femmes, des enfants, pressés et comme tassés pour écouter je ne savais quel orateur populaire ou voir de plus près quelque accident tragique. Et je m'approchai, croyant à un trouble ou à un malheur. Mais des gémissements de violon, accompagnés des plaintes d'une voix pleurarde, arrivaient bientôt jusqu'à moi, et tout se réduisait à une romance populaire.

Jamais!... On ne saura jamais combien la romance est ancrée profondément dans la population française. Tout Gaulois a dans son cœur une humeur *grisette* qui sommeille. M. Chaplain aurait pu, sur sa nouvelle pièce d'or, coiffer la République du bonnet de Bernerette et de Mimi Pinson : il est aussi symbolique, en vérité, que le bonnet de Phrygie.

Jules CLARETIE.

Cliché Carpin

I

*Et je poursuis les utopies
Comme d'autres les papillons.*

Eugène Vermersch.

L'Amour à Séville

*Pièce d'ombres représentée pour la première fois
le 28 février 1896.*

Décors et personnages de Gaston LAMPURÉ.

Musique de Gustave GOUBLIER.

I

Don Juan, toujours sûr de plaire,
A parfumé ses longs cheveux,
Mis des rubans à sa rapière
Et des sourires à ses vœux.

Sous le balcon de gente Dame,
Dont les yeux ont troué son cœur,
Fier amoureux et fière lame,
Il a juré d'être vainqueur.
    La lune éclaire
    Dévotement
    La mine altière
    Du bel amant ;
    Et la fenêtre,
    Bien close encor,
    Fera paraître,
    Dans un décor
    De soie et d'or,
    La femme exquise,
    Déjà conquise
    Au doux espoir
Que Don Juan l'aimera tout un soir.

II

Voici les joueurs de guitare,
La sérénade monte en l'air :
Si le vieil époux est avare,
Tous les amoureux chantent clair.

Toutes les femmes sont coquettes,
De l'or elles savent le prix,
Et le grand faiseur de conquêtes,
Don Juan, l'avait bien compris.
  La lune éclaire
  Dévotement
  La mine altière
  Du bel amant ;
  Et la fenêtre,
  Bien close encor,
  Fera paraître,
  Dans un décor
  De soie et d'or,
  La femme exquise,
  Déjà conquise
  Au doux espoir
Que Don Juan l'aimera tout un soir.

III

Les musiciens s'en vont boire
Le fruit de leur *serenata*,
Se racontant certaine histoire
De duègne et de jeune soldat !

Cependant la fenêtre close
S'ouvre grande et, très prestement,
Une main a lancé la rose,
Signal attendu de l'amant.
  La lune éclaire
  Dévotement
  La mine altière
  Du bel amant ;
  A la fenêtre,
  Tremblante encor
  Vient de paraître,
  Dans un décor
  De soie et d'or,
  La femme exquise,
  Déjà conquise
  Au doux espoir
Que Don Juan l'aimera tout un soir.

IV

Maintenant l'échelle de soie
Est pendue au fer ouvragé
Du balcon, témoin de la joie
D'un baiser bientôt échangé.

Sans souci de l'aube prochaine,
De la colère du jaloux,
Les amants vont briser la chaîne
Dont la loi ferma les verroux.
    La lune éclipse
    Pour un moment
    Son front de gypse
    Du firmament;
    Fenêtre close,
    Bien close encor,
    Vibrante et rose,
    Dans un décor
    De soie et d'or,
    La femme aimée,
    D'amour pâmée,
    Rit à l'espoir
Que Don Juan l'aimera chaque soir.

Éditeur de la Musique : Eveillard, Paris.

Le Coupeur de Lys

A Henri Bouillon

Musique de
EMILE BAUDOT

I

Aussitôt l'aube éveillée
Ayant pris sa serpe d'or,
Le jeune homme au frêle corps,
L'adolescent vierge encor,
S'égara par la vallée

II

Il voulait faire une gerbe
De tous les lys rencontrés,
Les beaux lys aux cœurs dorés
Par les pollens dérobés
Au soleil simple et superbe

III

Il avait, de sa main grêle,
Poussé le cruel croissant
Teint d'un invisible sang ;
Tout calice éblouissant
Tombait comme sous la grêle.

IV

Soudain, emmi les buées
Transparentes du matin,
Il se sentit incertain
Le très chaste guillotin
Des tiges décapitées.

V

Sous ses yeux remplis d'aurore
Deux lys, deux grands lys troublants
Rapprochant leurs corps tremblants
Comme des fiancés blancs,
Semblaient vouloir vivre encore.

VI

Et sa puberté prochaine,
Ame rose, tressaillit
Comme un ruisseau dans son lit ;
Et sans savoir, il comprit
La mystérieuse chaîne

VII

Qui retenait enlacées
Sur leur tige ces deux fleurs ;
Il les pressa sur son cœur.
Tout son être de candeur
Se fondit en ces pensées :

VIII

Les dieux créateurs qui sèment
Sans doute ne veulent pas
Que sans amour le trépas
Rouvre l'ombre sous ses pas,
Peut-être que ces fleurs s'aiment.

Avril 1896.

Mariette

MARIETTE

Musique de Paul BLÉTRY

A mon ami Ch.-L. HESS

I

O France, je suis libéré!
Ma France où je fus élevé!
Je vois là-bas, tout mon village :
Son bois épais au clair feuillage,
Et, dominant les toits pointus,
Le clocher au vieux angélus.
    Tout se rapproche,
      J'entends la cloche :
         Ding!
      J'entends la cloche.

II

Si, pour ma part, je fus sergent,
J'eus peu de gloire et moins d'argent ;
En mon absence, hélas ! mon père
Est mort tué par la misère...
Mais j'ose encor croire au bonheur :
J'ai su garder l'amour au cœur.
    Tout se rapproche,
    J'entends la cloche :
      Ding !
    J'entends la cloche.

III

Mais ce cortège endimanché
Qui s'en va devers le *cloché* !
Ne dirait-on pas ma promise,
La première, aussi la mieux mise.
Ah ! qu'ai-je donc fait au bon Dieu ?
Mariette marche au saint lieu...
    Tout se rapproche,
    J'entends la cloche :
      Ding !
    J'entends la cloche.

IV

Faut-il rester, faut-il partir?
Qui de nous sera le martyr?
Son époux est riche peut-être;
Mais malgré tout son bien, le traître,
Qui prend mon cœur comme un aiglon,
Sera trompé par Marion...
    Tout se rapproche,
    J'entends la cloche:
        Ding!
    J'entends la cloche...

Passionnément

PASSIONNÉMENT

Musique de Paul HENRION.

1

A l'aube d'un jour estival,
Je vis, légère comme une aile
Et délicieusement belle
Parmi les primes fleurs du val,

Une jeune fille élancée,
Plus rêve que réalité,
Plus belle encor que la Beauté,
Moins créature que pensée ;

Car ses pas étaient si légers
Qu'ils ne s'imprimaient pas sur l'herbe.
Et le jour se leva, superbe,
Sur nos décevants préjugés.

II

Courir seule ainsi le matin,
C'est assez pour que l'on murmure,
Aller ainsi sans autre armure
Qu'un corsage de blanc satin,

C'est narguer le Désir qui passe,
C'est mettre en émoi sur le champ,
Du plus timide au plus méchant,
Tous les papillons de l'espace ;

C'est tenter le passant peureux
Qui, certainement par mégarde,
S'approchant de vous, vous regarde
Jusqu'à devenir amoureux.

III

Mais moi qui ne suis que rimeur,
Je ne blâmai pas l'étourdie :
Lisette, Musette ou Lydie,
Je lui fis place dans mon cœur.

Je la vis se baisser et prendre
Une fleur aux pétales blancs ;
Puis, du bout de ses doigts tremblants,
Elle épela sans plus attendre.

Elle eut un sourire charmant
Laissant compter plus d'une perle,
Et, plus douce qu'un chant de merle,
Sa voix dit : « passionnément... »

Avril 1891.

Editeur de la musique : Ondet, 83, Faubourg St-Denis.
(Piano : 1 franc).

Jamais!

A M. A: Périvier

JAMAIS !

(Musique de J. GAUCHIN)

I

Madame, vous êtes trop belle
Pour répondre aux humbles souhaits
Du poète dont l'âme est bonne ;
Et, comme vous n'aimez personne,
Il ne vous aimera jamais !

II

Madame, vous fûtes cruelle
Aux cœurs simples pris aux attraits
Dont vous jouez avez adresse...
Vous avez trompé leur tendresse :
Je ne vous aimerai jamais !

III

Madame, votre lèvre est rouge
De leur sang versé ; désormais,
Je ne saurais chanter vos charmes ;
Vos yeux ont beau s'emplir de larmes,
Je ne vous aimerai jamais !

IV

Plus d'un fantôme entre nous bouge,
Des regards morts les feux follets
Tombent sur vous ; puisse leur flamme
Consumer votre corps infâme.
Je ne vous aimerai jamais !

9 Mars 1896.

Le Printemps Rose

Le Printemps Rose

Musique de G. MARIETTI

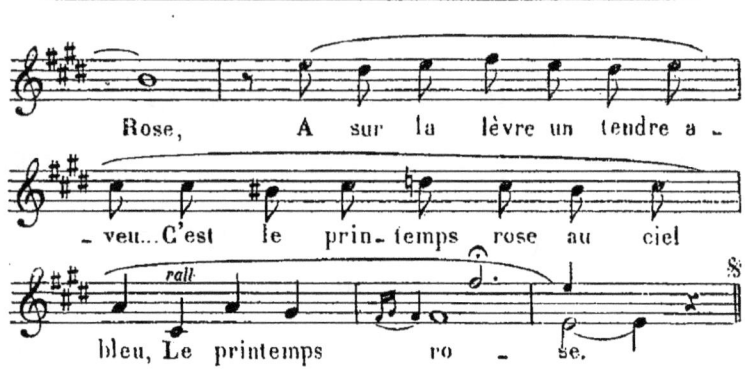

A Madame M. Béquet de Vienne.

I

Tout passe et pourtant tout revient,
Tout continue :
La fièvre au cœur qui se souvient,
L'aube à la nue ;
La feuille repousse au rosier,
Puis une rose
Naît et, sur les fleurs du sentier,
Glose.

C'est le printemps rose au ciel bleu,
Notre maîtresse, Blanche ou Rose,
A sur la lèvre un tendre aveu...
C'est le printemps rose au ciel bleu,
  Le printemps rose.

II

La vie ainsi toujours, toujours
  Sur elle-même,
Tourne, et redit en son discours :
  « J'aime qui m'aime ! »
Et les jeunes, riant des vieux
  Qui se reposent,
Croyant qu'ils pourront faire mieux,
  Osent.

C'est le printemps rose au ciel bleu,
Notre maîtresse, Blanche ou Rose,
A sur la lèvre un tendre aveu...
C'est le printemps rose au ciel bleu,
  Le printemps rose.

III

Les vieux ont raison : le repos,
C'est la mémoire,
Le souvenir des doux propos...
Et leur grimoire,
Pour eux, est un livre bien cher
Où l'âme hante,
Où l'alléluia de la chair
Chante.

C'est le printemps rose au ciel bleu,
Notre maîtresse, Blanche ou Rose,
A sur la lèvre un tendre aveu...
C'est le printemps rose au ciel bleu,
Le printemps rose.

Éditeur de la musique: Puigellier, Paris.

Le Sphinx

Le Sphinx

(Musique de Gustave GOUBLIER)

I

Lorsque j'interroge tes yeux,
Jaloux d'en savoir le mystère,
Reflétant mon image austère,
Ils se font plus mystérieux.
Alors, pris de doute, je souffre
Ce que souffrent les possédés ;
Sous mes pas je devine un gouffre...
Et pourtant vous me regardez ;
Possédé du doute, je souffre.
Et pourtant vous me regardez.

II

Lorsque, triomphant, mon baiser
Qui, doucement, vous effarouche,
Se pose enfin sur votre bouche,
Vos lèvres, sans se refuser,
Ont la froideur qui désenchante.
Dans ces instants si meurtriers,
Je crois que vous êtes méchante...
Et pourtant vous me souriez.
Je sens que vous êtes méchante
Et pourtant vous me souriez.

III

Lorsque j'écoute votre voix
Si douce, et pourtant si cruelle,
Tout ce que vous dites se mêle
Aux mensonges que j'entrevois;
Car vous êtes, sous votre poudre
Et votre fard provocateur,
L'Enigme qu'on ne peut résoudre,
Le Sphinx qui dévore le cœur;
Oui, vous êtes sous votre poudre
Le Sphinx qui dévore le cœur.

Juin 1898.

Éditeur de la musique : E. Couturel, Paris.

La Chanson de Pierrot

LA CHANSON DE PIERROT

Musique de Paul BLÉTRY.

I

Je suis fils du meunier du Rêve,
Le grand meunier des firmaments ;
Son vieux moulin tourne sans trêve
Pour moudre *un à un* vos tourments.
J'ai de beaux louis d'or en poche,
Chimère blonde entre mes doigts
Et, quand un créancier m'approche,
Je puis payer ce que je dois...
Je suis fils du meunier du Rêve.

II

Je fis l'école buissonnière
Où j'appris un tas de chansons ;
Ma jeunesse, peu prisonnière,
Courut avec les polissons.
Le Latin qu'on enseigne en classe
Barricadait dans mon cerveau
Mon fol esprit ; de guerre lasse,
En suivant le lit d'un ruisseau,
Je fis l'école buissonnière.

III

Un soir que je voulais la lune,
Père tout rouge se fâcha :
« J'aurais une monstre fortune
Que je n'en ferais pas l'achat ;
Fils dispendieux et sans cervelle,
Désormais sous un autre toit,
Tu peux allumer ta chandelle,
Qu'on ne me parle plus de toi ! »
Car j'avais demandé la lune.

IV

Je n'ai chandelle ni demeure,
Ni cœur pour réchauffer le mien ;
Point de bouche qui rit ou pleure
A ma chanson, pas même un chien :
Car les chiens aboient à la lune
En s'accrochant à mes mollets...
Qu'elle est belle la blanche thune
Que Dieu jette par ses volets...
Je n'ai chandelle ni demeure.

Éditeur de la musique : Eveillard, Paris.

Aux Étoiles

Aux Etoiles

Musique de Georges CHARTON,

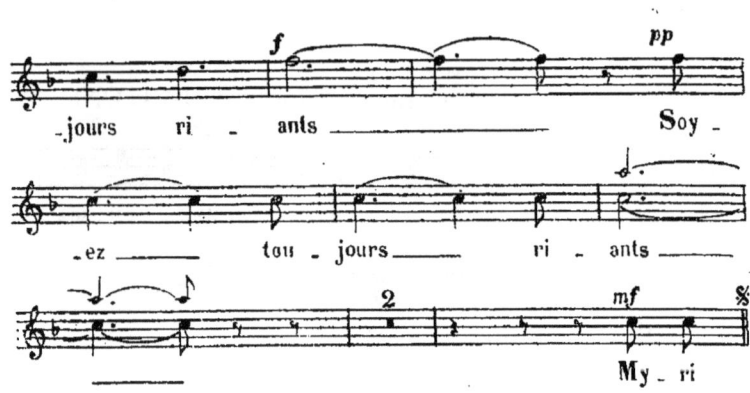

1

Diamants parsemés
Dans l'immensité bleue,
Que mes yeux enflammés
Suivent toute une lieue,
Soyez toujours brillants ;

Vous, regards de ma belle,
A mon amour fidèle,
Soyez toujours riants.

II

Myriades de feux,
Troublantes étincelles,
Fidèles à vos vœux
Immuables pucelles
Ne fuyez pas l'azur ;

Vous, regards de ma mie,
Sur ma longue insomnie,
Brillez d'un amour pur.

III

Feux divins sur les flots
Vous êtes pour la barque
De précieux falots
Ou le phare qui marque
Le but au vieux pêcheur ;

Regards de mon amante
Vous chassez la tourmente
Qui désolait mon cœur.

Mars 1884.

La Meunière
du Joli Moulin

La Meunière du Joli Moulin

(Musique de Gustave GOUBLIER)

I

Deux pieds mignons dans ses sabots,
Des mains comme une châtelaine,
Des yeux et des cheveux si beaux !
Que tous les minois de la plaine
En sont jaloux et qu'il faut voir,
Menant leurs bêt's à l'abreuvoir,
Les gars chantant à perdre haleine :

Ah ! le joli moulin de la meunière !
Ah ! la belle meunière du moulin !
    Ah ! le joli moulin !
    Ah ! la belle meunière !

II

A c'tt' heure, elle est veuve et déjà
C'est à qui tout bas la courtise,
Et, du maîtr' maçon au goujat,
Chacun lui dit quelque bêtise,
Elle a promis à plus de dix,
Pour la semain' des quatr' jeudis.
Un baiser à leur convoitise.

Ah ! le joli moulin de la meunière !
Ah ! la belle meunière du moulin !
    Ah ! le joli moulin !
    Ah ! la belle meunière !

III

J'ai deux bons bras, j'suis bon faucheur,
Mais j'os' pas lui dir' ma prière ;
Car elle est riche et de mon cœur
Se gausserait, méchante et fière.
Alors, pour noyer mon chagrin,
Un soir en lui portant du grain,
Je sauterais dans la rivière...

Ah ! le joli moulin de la meunière !
Ah ! la belle meunière du moulin !
    Ah ! le joli moulin !
    Ah ! la belle meunière !

Éditeur de la musique : Eveillard, Paris.

Chanson Vécue

CHANSON VÉCUE

Musique de Ch.-L. HESS:

A M. Ch. Tabaraud,

I

Le pessimisme est une mode
Pour beaucoup facile à porter;
Ne rien penser est si commode :
De quoi peut-on s'inquiéter ?
Pourtant, toute âme est inquiète;
Sceptique, un sentiment vous guette :
Un jour, au détour du chemin,
L'Amour vous prendra par la main.

II

Ressuscitant la grâce antique,
Une femme se montrera ;
Et, sous le courant pathétique,
Votre désir s'éveillera.
Tout se crée en une seconde :
Léonard a vu la Joconde,
Et ses pinceaux sont précieux.
L'Amour vous prendra par les yeux.

III

Bien fort de votre moquerie,
Vous attaquerez hardiment ;
Vous piquant de galanterie,
Vous jurerez d'être l'amant.
Mais il faut compter avec elle
Et pour peu qu'elle soit cruelle,
— Du flirtage, troublant vainqueur, —
L'Amour vous prendra par le cœur.

Septembre 1892.

Berceuse pour
l'empêcher de dormir

BERCEUSE POUR L'EMPÊCHER DE DORMIR

(Musique de A. CATHERINE)

1

Ferme tes yeux, tes yeux d'or fin
Dont les cils sont faits d'or plus tendre ;
Ferme tes yeux pour mieux entendre
L'hymne que chante un séraphin
En s'accompagnant de la lyre
Dont le rimeur, mourant de faim,
Se croit seul maître en son délire.

II

Lorsque tes yeux seront fermés,
Je veillerai près de ta couche,
Très doucement posant ma bouche
Sur ces doux soleils enfermés,
Guettant le rêve qui, plus vite,
Fait bondir les cœurs désarmés
Contre la peur que nul n'évite.

III

Et lorsque tu les rouvriras
Tes yeux, fleurs aux parfums de flamme,
J'y verrai refléter ton âme
Toute nue et sans embarras;
Papillon qui se renouvelle,
Mon baiser, tu l'accueilleras
Sur ta lèvr ecn l'aube nouvelle.

22 Mai 1896.

Éditeur de la musique: Quinzard, Paris.

Folies de toutes Saisons

Folies de toutes Saisons

Musique de Henri BRESLES

I

C'est le printemps, voici l'amour,
Il frappe gaîment à la porte ;
Ouvrons vite et durant un jour,
Goûtons le fruit qu'il nous apporte.
C'est le printemps, voici l'amour,
Rayon dans les rayons du jour.

II

C'est l'été, riche de couleurs,
Réchauffant toute la nature,
Pénétrant les champs et les cœurs :
Les couples vont à l'aventure.
C'est l'été, riche de couleurs,
Peintre d'oiselets et de fleurs.

III

L'automne a de joyeux glouglous
Appelant le *tintin* des verres.
L'amour n'en est point en courroux ;
Car les grâces sont moins sévères...
L'automne a de joyeux glouglous
Faisant des plus sages, les fous !

IV

C'est l'hiver, et les amoureux
Regagnent la chaude chambrette
Où l'âtre leur fait les doux yeux
Riant dans sa flamme discrète.
C'est l'hiver, et les amoureux
Brûlent malgré des airs frileux.

Octobre 1883.

Éditeur de la musique : Coutarel, Paris.

L'Aveugle

L'AVEUGLE

(Musique de J. ARCHAINBAUD)

I

Comme les enfants, les amants
Ont plus d'un récit légendaire :
Contes de fée et de grand' mère
Tout peuplés de princes charmants,
De châtelaine à longue traîne
S'isolant en la haute tour
Pour pleurer son page d'amour
Pris au service de la reine.

II

En gardienne des temps passés,
Ma Muse, de sa nuit profonde,
M'a dit : « Va chanter par le monde
Tout ce que par ma voix tu sais. »
Or, ayant pris pipeau, besace,
M'en suis venu conter chez vous
Pour les amantes aux yeux doux
L'histoire de Jeanne de Grâce.

III

Dans la splendeur des beaux matins
Bien qu'elle passât la première,
Elle ignorait toute lumière,
Ses yeux, hélas ! étaient éteints.
Pourtant un chevalier fidèle
Avait juré de l'épouser ;
Mais elle de s'y refuser :
« Vos yeux seraient veufs » disait-elle.

IV

Un soir qu'elle était à rêver
Accoudée au balcon de pierre,
Mêlant à sa chaste prière
Celui qui voulait la sauver,
Rejetant doucement leurs voiles,
Deux astres quittèrent les cieux
Et dans les orbites sans yeux
Se placèrent les deux étoiles.

8 Avril 1897.

Ariette Ancienne

Ariette Ancienne

Musique de BEN TAYOUX.

I

Quand vous en serez au temps des amours,
Garçons et fillettes,
Ecoutez toujours
Les douces ariettes
Que le rossignol chante au bois
Mieux que la flûte et le hautbois.

II

Quand vous en serez au temps des amours,
Devant la nature
Acceptez toujours
La foi que l'on vous jure...
Quand le rossignol chante au bois
Mieux que la flûte et le hautbois.

III

Quand vous en serez au temps des amours,
Si gars ou fillette
Ne vient pas toujours
Pardonnez, lan rirette,
Car le rossignol chante au bois,
Qu'on pardonne au moins une fois.

1880

Noces d'Or

NOCES D'OR

(Musique de Ch.-L. HESS)

Aujourd'hui le châtelain
Reçoit les gens du moulin,
De la cure et de la ferme ;
Monsieur le maire, invité
Ainsi que le député,
Rit, mange, parle et boit ferme
Pour fêter les noces d'or
Du châtelain « vert encor ».

La vieille fille jalouse
A chacun fait maint souhait :
A la coquette un benêt,
Au benêt coquette épouse.

Mais voici les violons,
Aux bras trop courts ou trop longs,
Effarouchant coq et poule ;
Dans les gobelets d'étain

Le vieux vin chante en latin
Et l'époux tout bas roucoule :
« Ma Mie aux cheveux si blancs,
Aux pas toujours si tremblants,
Sans qu'ardeur d'antan renaisse,
Je découvre en vos grands yeux
Le rayon mystérieux
 De l'éternelle jeunesse »

Janvier 1899.

Chanson symbolique

Chanson symbolique

> Le lierre meurt où le hasard l'attache.
> GUSTAVE LEROY.

I

Tout poète est un peintre épris de la couleur,
Aussi bien que tout peintre est à la fois poète ;
Ils puisent tous les deux à la même palette,
Ils réchauffent leur âme à la même chaleur...
Tout poète est un peintre et tout peintre est poète.

II

Et c'est pourquoi j'osai, téméraire, à mon tour,
Sentant brûler en moi la flamme inspiratrice,
Disputer aux fleurs la couleur évocatrice,
L'infiniment secret talisman de l'amour...
Et je guettai d'abord la rose impératrice.

III

Je la vis s'éveiller toute au premier rayon
Descendant du ciel bleu sur sa lèvre embaumée;
Je la vis se donnant toute et rester pâmée
Sous le premier baiser du premier papillon
Que la brise apporta sur sa lèvre embaumée.

IV

Le soir vint lentement, la rose s'éteignit;
Le papillon sans cœur voulut s'enfuir, presque ivre;
Alors je l'épinglai sur le feuillet d'un livre,
Je ramassai la rose effeuillée. — O doux nid!
O doux berceau, quel sort! Oh! que c'est peu de vivre!

Adieu Bergère!

A Madame A. Coutard

ADIEU BERGÈRE!

(Musique de J. GAUCHIN).

I

La bergère sauvage,
Au pied leste et petit,
Avait bon appétit,
Teint frais, gentil visage...
Sa chèvre était, itou,
Sauvage et très légère,
Lan laire, lan laire,
    C'est tout.

II

Sa blonde chevelure
Flottait au gré du vent
Qui relevait souvent
Son cotillon de bure...
Sa chèvre était, itou,
Vêtue à la légère,
Lan laire, lan laire,
    C'est tout.

III

Pour mirer son sourire
Elle allait au ruisseau ;
Dans le miroir de l'eau
Souvent beauté se mire...
Sa chèvre était, itou,
Coquette et très légère,
Lan laire, lan laire
    C'est tout.

IV

Quand brillaient les étoiles
Du lointain paradis,
Elle rêvait Paris,
Anneaux et fines toiles...
Sa chèvre était, itou,
Songeuse et moins légère,
Lan laire, lan laire,
    C'est tout.

V

Elle vint à la ville
Les pieds nus, le cœur franc ;
Hélas, pour quelque franc,
Elle fut bientôt vile...
Là-bas sa chèvre, itou,
Pleure sur la bergère,
Lan laire, lan laire
    C'est tout...

19 mars, 1895.

Éditeur de la musique, Joubert, Paris.

La Prière du Moine

LA PRIÈRE DU MOINE

Musique de G. MARIETTI

I

Seigneur, je renonçai
Au faste de ce monde
Effaçant le passé
Pour ta gloire féconde ;
Mais le passé maudit
Se dresse impitoyable
Et, tentateur, il dit :
La chair est désirable...

II

Je voulais oublier
Au fond du monastère
Et sans cesse plier
Les genoux vers la terre ;
Mais mon front soucieux
Porte une image astrale
Et je vois dans les cieux
Briller ses yeux d'or pâle.

III

Le cilice d'amour
M'étreint et m'épouvante ;
Et, sans repos le jour,
La nuit m'est décevante...
Plein de désirs mortels,
J'ai tant vécu ce rêve,
Qu'au pied de tes autels,
Seigneur, je ne vois qu'Eve !

4 Novembre 1895.

Le Cerisier

Le Cerisier

ou

les Demoiselles du Manoir de la Tour

Air de J.-J. Rousseau.

CHANT Dans ce ver_ger Rous_seau s'est ar_rê_té,

Sur ce vieil arbre, il cueil_lit des ce_ri_ses

Pour a_mu_ser des bou_ches tant ex_qui_ses,

Plaire à des yeux au re_gard ve_lou_té,

Rousseau joy_eux, Rousseau joy_eux a cueil_

_li des ce_ri_ses, a cueil_li des ce_ri_ses.

I

Dans ce verger Rousseau s'est arrêté,
Sur ce vieil arbre, il cueillit des cerises
Pour amuser des bouches tant exquises,
Plaire à des yeux au regard velouté,
Rousseau joyeux a cueilli des cerises.

II

Sur une échelle en le voyant monter
Du cerisier pour atteindre les branches,
Montrant les dents, riant à lèvres franches,
Toutes les deux se mirent à chanter,
Battant des mains, riant à lèvres franches.

III

Mais le galant sur l'arbre s'attardait :
Car, au dessous, s'entr'ouvraient les corsages
Plus séduisants encor que les visages ;
De légers fruits, habile, il bombardait
Les seins jumeaux bombant sous les corsages.

IV

Et ce fut tout, l'idylle finit là,
Préface frêle aux livres de Jean-Jacques.
Du vieux bouquet, parfums élégiaques ;
Oui, ce fut tout, le soir il s'en alla,
Et bien qu'heureux, comme devant Jean-Jacques.

Janvier 1900.

La Rose et les Bluets

LA ROSE ET LES BLUETS

Chanson du futur Jardinier

Mélodie d'Edmond TEULET.

130 CHANSONS DU SIÈCLE DERNIER

LA ROSE ET LES BLUETS

à *Léon Durocher.*

I

On m'a dit : va chercher des fleurs
Dans la prairie, elle en est pleine ;
Nos jardins ont aussi les leurs,
Mais ne touche pas à la reine,
La rose grimpant aux volets
Ou régnant au sein du parterre :
Ne sème point en même terre
La noble rose et les bluets.

II

Pourtant j'aime de tout mon cœur
Tous les fleurons, toute corolle
Dansant en rond, chantant en chœur ;
Les liserons en banderole ;
Les hortentias aux tons discrets ;
Les boutons d'or de la prairie :
Mais ma vue est surtout ravie
Et par la rose et les bluets.

III

Lorsque l'on va cueillir des fleurs,
C'est pour en offrir la cueillette
A la maraudeuse de cœurs
Femme demain, hier fillette ;
La mienne est douce ; et je me plais
A dire, content de ma fièvre,
En baisant ses yeux et sa lèvre :
Voici la rose et les bluets...

Juillet 1899.

Le Cantonnier

Le Cantonnier

Musique de Désiré DIHAU.

I

Sur la route de Louviers
Il était un cantonnier.
Il s'était marié naguère,
Alors qu'il avait vingt-cinq ans,
Riche de santé, n'ayant guère
Que cinq ou six jaunets clinquants ;
Mais la fille apportait, en somme,
Sa dot et le reste à son homme...
Sur la route de Louviers
Il était un cantonnier.

II

Il était, le cantonnier,
Heureux, on ne peut nier :
Une femme, un lopin de terre
Et sur la rivière un bateau ;
Grâce à son joyeux caractère,
Bien vu par les gens du château,
Qu'il fît soleil ou tombât givre,
Il n'avait qu'à se laisser vivre...
  Sur la route de Louviers
  Il était un cantonnier.

III

Il avait, le cantonnier,
Vin en fût, paille au grenier ;
Mais le bonheur n'est pas richesse ;
Un soir de juillet étouffant,
La femme, au bout de sa grossesse,
Rendit son âme avec l'enfant :
L'ange, créateur éphémère,
Faisait un ange de sa mère...
  Sur la route de Louviers
  Il était un cantonnier.

IV

Il parvint, le cantonnier,
Enfin à se résigner.
Ayant versé toutes ses larmes,
Il dit : « Faut point tant d'embarras ;
Y a pus qu'à présenter les armes
A c't'heure, et s'occuper du gas ! »
Et de son cœur, gros de tristesses,
Il fit un berceau de caresses...
    Sur la route de Louviers
    Il était un cantonnier.

V

Il resta, le cantonnier
« Veuf pour él'ver » son « dernier »
Qui poussait comme fleur champêtre.
C'était son idée, à présent,
D'en faire un savant et, peut-être,
Un artiste ; car l'artisan
Avait, dans l'humain héritage,
Vraiment trop de peine en partage..
    Sur la route de Louviers
    Il était un cantonnier.

VI

Il fit tant, le cantonnier,
   Qu'un beau matin printanier
Son enfant prit la diligence
Qui devait le mener tout droit
Dans la capitale de France,
Comme un autre faire son droit
Mais le gas, ayant plein la tête
De chaud soleil, se fit poète...
   Sur la route de Louviers
   Il était un cantonnier.

VII

Le temps, qui va sans ployer.
   Courba le vieux cantonnier.
Il avait, parfois, des nouvelles :
Une lettre, ou bien un journal
Mettait la joie en ses prunelles ;
Cependant un soir automnal,
Le *fossoyeux*, avec sa bêche
Le recouvrit de terre fraîche...
   Sur la route de Louviers,
   Il était un cantonnier...

Juillet 1891

La Première Chanson

A Madame L. Eveillard

La Première Chanson

(Musique de Jules JACOB).

I

Dans mon cœur de poète
Le bonheur qui s'apprête
Fait monter à ma tête
Comme un encens d'amour ;
Dans mon cœur de poète
Le bonheur qui s'apprête
Me promet une fête
Jusqu'au lever du jour.

II

Celle que tout bas j'aime
Veut aimer le bohême
Et dicter un poème
Qui n'aura pas de fin ;
Celle que tout bas j'aime
Veut aimer le bohême
Et... du désir suprême,
Seule, apaiser la faim...

III

Eh! quoi, déjà l'aurore :
Tout voile s'évapore.
O nuit! demeure encore
Sur mon rêve incertain ;
Car l'ombre que je touche,
Qui parfume ma couche
Et que baise ma bouche
S'enfuit dès le matin.

Editeur de la Musique : Eveillard, Paris.

La Meilleure Chanson

La Meilleure Chanson

I

> Le voyageur écrit sur la poussière..
> HÉGÉSIPPE MOREAU.

Lassé des labeurs continus
   Que la vie amoncelle,
L'homme, aussitôt les soirs venus,
   Cherche aux cieux l'étincelle,
L'étoile-aube dont la clarté
   Fera sa nuit moins sombre,
La nuit de l'immortalité
   Où sa pauvre âme sombre.

Alors, il entend la chanson
De tout un passé de souffrances ;
Mais il sourit à chaque son —
   La meilleure chanson,
C'est la chanson des souvenances.

II

C'est l'heure des jeux enfantins,
    Des géantes tartines
Qu'on partage avec les pantins
    Des cousines mutines ;
C'est le dodo délicieux
    Dans les bras de sa mère ;
Et des rêves audacieux
    La première chimère.

Ah ! qu'elle est douce la chanson —
L'enfance ignore les souffrances —
L'homme sourit à chaque son —
    La meilleure chanson,
C'est la chanson des souvenances.

III

C'est l'heure du premier baiser,
    C'est l'honneur d'être père ;
Mais tout bonheur peut se briser :
    Qui fut fort désespère,
Qui fut vainqueur se sent vaincu :
    Qui fut riche est sans hardes ;
Le million change en écu,
    Les palais en mansardes...

C'est là ce que dit la chanson,
— Passé de joie et de souffrances —
L'homme sourit à chaque son —
　　La meilleure chanson,
C'est la chanson des souvenances.

IV

Ainsi tintent dans le cerveau
　　Une à une les heures,
Qui nous prennent dès le berceau ;
　　Les rudes aux meilleures
Donnent un tel enchantement
　　Que nul ne se courrouce,
Que l'heure du renoncement,
　　Alors, paraît plus douce.

Conte de fée, ô ma chanson !
Berce nos heures de souffrances...
Laboureur, poëte, pinson,
　　La meilleure chanson,
C'est la chanson des souvenances.

1894

La Lettre

La Lettre

I

Quand vous alliez l'autre saison
Aux lèvres ma chère chanson,
Celle où je vous disais : « Je t'aime ! »
Je vous suivais docilement,
Soumis au seul enchantement
De votre voix, plein du baptême
Où je fus prêtre et vous l'enfant,
L'enfançon d'amour triomphant.

II

Hier, je vous suivais encor,
Pourtant ta voix... votre voix d'or
Obstinément taisait sa harpe ;
Et vos doigts fins en se jouant
Avaient dénoué le ruban
Qui retenait la frêle écharpe
Que le vent brutal emporta,
Mais qu'un passant vous rapporta.

III

Je vis dans vos yeux, dans ses yeux,
A je ne sais quoi d'orgueilleux,
Qu'il connaissait votre sourire...
A votre insu, le lendemain,
Je me trouvai sur son chemin
Vers l'heure où le jour se retire...
Brûlez les vers ensemble lus :
Celui que vous lisez n'est plus.

IV

Mais puisqu'un autre amour vous vint,
Pour honorer son front divin,
— Où ma mort fière ajoute un faste, —
Pour mériter le lent bonheur
Des nuits où tu mets ta langueur,
Femme perverse au regard chaste,
Reste, du moins charnellement,
Fidèle à ton nouvel amant.

Promenade au large

PROMENADE AU LARGE

Musique de J. MAQUAIRE

Sur la mer mon Ange
Allons voyager,
La vague se frange
D'un frisson léger,
Mais de la perfide
Ne crains pas les jeux :
Le ciel est limpide
Ainsi que tes yeux.

I

Quand vient la tempête
Le vieux matelot
Au trépas s'apprête,
Le mousse, un marmot,
Redresse sa taille
Confiant et fort
Devant la bataille
Que livre la mort.

Sur la mer mon Ange
Allons voyager,
La vague se frange
D'un frisson léger,
Mais de la perfide
Ne crains pas les jeux :
Le ciel est limpide
Ainsi que tes yeux.

II

Quand la pêche est bonne,
De retour au port,
Devant la madonne
On passe d'abord ;

Puis la caravane
Les pieds aux galets
Porte à la cabane
Paniers et filets,

Sur la mer mon Ange
Allons voyager,
La vague se frange
D'un frisson léger,
Mais de la perfide
Ne crains pas les jeux
Le ciel est limpide
Ainsi que tes yeux.

III

Et là, sur la grève,
Le vieux timonier
Fume, prie et rêve
A son cher métier.
Sa fière dépouille
Se cabre pourtant :
Si son bras se rouille,
Son cœur est partant.

Sur la mer mon Ange
Allons voyager,
La vague se frange
D'un frisson léger,
Mais de la perfide
Ne crains pas les jeux :
Le ciel est limpide
Ainsi que tes yeux.

      Octobre 1897

Quand le Chagrin...

Rondel

pour

L'ENFANT

Rondel pour l'Enfant

Musique de CH. DE HESS.

C'est un sourire de l'enfant
Qui seul peut dissiper les larmes ;
A lui seul il vaut tous les charmes,
Son petit regard triomphant.

Mieux qu'un avocat il défend
La grand'cause de ses alarmes ;
C'est un sourire de l'enfant
Qui seul peut dissiper les larmes.

Quand le chagrin est étouffant,
Quand tout pour nous n'est que vacarme,
Mieux que la prière des carmes.
Le vrai baume au cœur qui se fend ?
C'est le sourire de l'enfant.

13 Décembre 1882

Les Yeux

LES YEUX

(Musique de Gustave GOUBLIER)

I

Oui, parfois, il m'est arrivé
De ne pas voir la vie en rose;
C'est un triste aveu, mais je l'ose :
J'ai moins souvent ri que rêvé.
Ma note dominante est sombre,
Et malgré leur appel joyeux,
Quand je vois rire de beaux yeux,
Je pense qu'il en est pleins d'ombre.

II

D'aucuns restent indifférents
Devant la misère insalubre
Et le pittoresque lugubre
Des vieux porte-haillons errants ;
J'ai l'espoir que ceux-là se leurrent
Sur la patience des gueux.
Quand je vois rire de beaux yeux.
Je pense qu'il en est qui pleurent.

III

Comme vous, j'aime, eh bien ! pourtant,
J'ai peur des yeux qui me regardent
Et, contre mon vouloir, me gardent
Quelque minute haletant...
Yeux chastes qui se prostituent,
Yeux pervers languissant leurs feux,
Quand je vois rire de beaux yeux,
Je pense qu'il en est qui tuent.

Juin 1891

II

Une grisette est un trésor
Et, sans se donner de la peine,
Et sans qu'au bal on la promène,
On en vient aisément à bout.
On lui dit ce qu'on veut, bien souvent rien du tout
La peine est d'en trouver une qui soit fidèle.

LA FONTAINE

L'Escholier

L'Escholier

(Musique de Alfred RABUTEAU).

I

La dague au côté, sous le poing,
Toque écarlate sur l'oreille,
Tout jeune et bien sûr qu'il n'est point
Par le monde mine pareille,
Il passe jetant de côté
Un regard tendre à la beauté.

En revenant de la grand'messe,
Si vous croisez l'adolescent,
Craignez sans le vouloir de faire une promesse—
Madame, prenez garde aux regards du passant !

II

Car, hardi, pour vous étonner,
L'étourneau chercherait querelle
Au soudard qu'on voit cheminer
Vers les pampres d'une tonnelle ;
Ou bien, rimeur, de sa façon
Vous glisserait quelque chanson.

En revenant de la grand'messe,
Si vous croisez l'adolescent,
Craignez sans le vouloir de faire une promesse —
Madame, prenez garde aux regards du passant !

III

Et demain votre cœur troublé
Battrait aussitôt son approche ;
Quand le courroux s'en est allé
Que viendrait faire le reproche ?
Vous seriez, vous et votre honneur,
Dans le filet de l'oiseleur...

En revenant de la grand'messe,
Si vous croisez l'adolescent,
Craignez sans le vouloir de faire une promesse —
Madame, prenez garde aux regards du passant !

Editeur de la Musique : *Eug. Fromont, Paris*

La Fleur d'Amour

La Fleur d'Amour

(Musique de D. DIHAU.)

I

LE POÈTE

Tu regardes, émue,
Une rose moussue,
O dis-moi mon mignon,
Dis-moi si c'est son nom
Ou ses fraîches rosées,
Si pleines de senteurs,
Qui, plus que nos auteurs,
Occupent tes pensées !

II

L'AMANTE

Non, je pense à sa vie ;
Oh ! fleur que l'on envie
Et ne dure qu'un jour...
Et si de notre amour
La frêle destinée
Est de la suivre, eh bien !
Il n'en sera plus rien
Au bout de la journée.

III

LE POÈTE

Chasse donc, ô ma Mie !
Le nuage et la pluie...
Sur l'arbre du bonheur
Je cueillerai la fleur
Pour toi jusqu'à la tombe,
Ouverte sous nos pas ;
Le rosier ne meurt pas
Lors qu'une rose en tombe...

IV

L'AMANTE ET LE POÈTE

L'un pour l'autre, sans cesse,
Ayons une caresse;
Ecartons les jaloux,
Plus méchants que les loups;
Que notre âme s'élève
En un vol gracieux :
Ici-bas comme aux cieux
Vivons le même rêve.

1880.

Bergers Watteau

Voici le jour, à ta houlette
Attache de nouveaux rubans,
Pour moi, fais un brin de toilette,
Fleuris tes longs cheveux tombants
Voici le jour, prends ta houlette
Et mène tes cinq moutons blancs.

I

Depuis l'enfance, ma Mie,
Je suis tes pas gracieux ;
Quand tu boudes, je m'ennuie,
Quand tu ris, je suis heureux.
Si le bonheur, sur la terre,
Ne doit pas durer toujours,
L'hymen du moins le resserre
Et protège les amours.

II

Hormi les cieux bleus, tout change,
Le sourire et les cheveux
Ont une pâleur étrange
Quand les fronts deviennent vieux ;
Si nous devons voir l'automne
De nos ans, sans un regret,
Hâtons-nous d'aimer, Mignonne,
Car, alors, je te dirai :

Aujourd'hui pose ta houlette,
D'autres pastours s'en vont aux champs,
Le berger et la bergerette,
Tout comme nous, mêlent leurs chants.
Aujourd'hui pose ta houlette
Et berce nos petits enfants.

Août 1896

Les Deux Roses

LES DEUX ROSES

(Musique de Désiré DIHAU.)

I

LE PASSÉ

Vous aviez mis sur votre sein
Une couple de roses blanches ;
De vos baisers le fol essein
Voletait sur vos lèvres franches.
Vos cheveux, bien coquettement,
Etaient ondulés sur vos tempes :
Vous ressembliez, en ce moment,
A quelque figure d'estampes.

II

LE PRÉSENT

Profil fin, à peine ébauché,
Evoquant les bergères, dues
A la palette de Boucher,
Vos roses sont mal défendues ;
Vous ripostez coquettement,
Mais je tiens vos mains prisonnières...
Celui qui se dit votre amant
Est déjà fou de vos manières.

III

LE FUTUR

Plus tard, dites-vous ? et pourquoi ?
Plus tard, je serai moins ingambe ;
Hélas ! je pourrais rester coi
Devant le tour de votre jambe ;
Ce ne sera plus moi vraiment
Qui vous fera crier à l'aide...
Vous serez vieille, assurément,
Mais vous ne serez jamais laide.

Repentir

REPENTIR

Musique de Eugène HYARD

I

Et qu'à l'aube de ce printemps
    Une autre aube se lève.
Que mes vœux chers et repentants
    Vous rapportent mon rêve.
O ! laissez-les venir à vous !
    Voyez lever l'aurore...
J'ai grand'peur, mais votre courroux
    Doit vous jolir encore.

II

Recommençons, comme autrefois,
  La route bifurquée,
Où vous donniez, souventes fois,
  Aux oiseaux la béquée ;
Partout où vous avez marché,
  Une fleur vient d'éclore.
O venez ! un nouveau péché
  Doit vous jolir encore.

III

Par la bouche que j'entendis
  Faire tant de promesses,
Ne fermez pas le paradis,
  Je suis toutes les messes.
L'Amour ne peut abandonner
  Ceux que son feu dévore.
Tu souris ! Ah ! de pardonner...
  Va vous jolir encore.

5 mai 1891.

Gavotte et Chanson

Gavotte et Chanson

Musique d'ESTEBAN MARTI

I

L'ABBÉ

Souffrez qu'on vous nomme Euphrosyne :
Les Grâces n'ont point défendu,
Qu'une telle grâce avoisine
L'Idéal du ciel descendu.
A la cour on vous dit dévote :
Les abbés sont de la maison.
Laissez-moi mêler ma chanson,
Ma chanson à votre gavotte.

II

Préférez-vous être Cyane ?
Vénus même vous l'eût permis;
Car en votre chair diaphane
Lys et bluets sont endormis.
Vous dansez et mon cœur pivote,
J'éprouve un infini frisson...
Laissez-moi mêler ma chanson,
Ma chanson à votre gavotte.

III

D'Aglaé le nom est plus tendre,
Répondez au nom d'Aglaé.
Mais vous semblez ne rien entendre :
Sur sa croix mon cœur est cloué.
Vous riez : l'amour est notre hôte,
Obéissons à la raison
Et vous verrez que ma chanson
Va sur l'air de votre gavotte.

23 octobre 1898

En ce Temps-là

En ce temps-là

Musique de Léon DELERUE.

12.

210 CHANSONS DU SIÈCLE DERNIER

I

Après une nuit parfumée,
Où sa bouche, hiatus exquis,
Vingt fois sous celle du marquis
S'était tendrement abimée ;
Où les lèvres de son amant

Avaient cueilli, fleurs lumineuses,
Ses yeux, aux couleurs précieuses,
Aux feux rares du diamant,
Elle eut un chaste mouvement.

II

Et, prise ainsi d'un pieux zèle,
Elle s'en ouvrit à l'abbé
Qui, sans se déplaire au jubé,
Se plaisait autrement chez elle.
Très fin, il lui baisa la main
Sans répondre à la pécheresse,
Sachant que pour une caresse
Eve damna le genre humain
Et qu'elle était sur son chemin.

III

Mais il pensa : « Comédienne
L'Eglise refuse à ton corps,
Harpe humaine aux divins accords,
L'absoute dont elle est gardienne.
Pourtant, l'enfant de Maria
Souffrit pour racheter le monde... »
Or, pour sauver cette âme blonde,
Un soir, il se crucifia
Sur la croix de chair — Hostia.

27 septembre 1899.

La Cocarde

LA COCARDE

LA COCARDE

A Jean Meudrot

I

Multicolore est la cocarde
Des conscrits, futurs valeureux ;
Et du salon à la mansarde,
C'est l'emblème d'un âge heureux :
C'est la vingtième et chère année
Qui décrète le citoyen,
Qui fait sourire le doyen
Et la promise câlinée.

La Nature a toujours vingt ans :
Au front des forêts, fée alerte,
Elle pique, à chaque printemps,
    Une cocarde verte.

II

Fidèle au culte Remembrance,
A la chronique d'autrefois,
Je vois les chevaliers de France,
Aux Croisades, dans les tournois
Portant les flammes de leur dame
Ou de leur Prince ou de leur Dieu ;
Mais de tout temps, comme en tout lieu,
La Nature impose sa flamme :

Sitôt qu'arrive le printemps,
Au front des bois, elle hasarde,
Ralliant les cœurs de vingt ans,
    Une verte cocarde.

III

L'Histoire, impartiales pages,
Glorifie, en termes égaux,
Les rubans parfumés des pages
Et la cocarde des héros.
Quand, bravant la royale garde,
Desmoulins au peuple irrité
Fit acclamer la liberté,
Le peuple choisit sa cocarde :

Symbolisant l'espoir nouveau
Dans la voie à jamais ouverte,
« Jacques » piqua sur son chapeau
    Une cocarde verte.

16 Février 1892.

En 89

A Edmond Lepelletier.

EN QUATRE=VINGT=NEUF

> La Garde française, mêlée au peuple, aida à la prise de la Bastille le 14 juillet 1789.
> *(Les Gazettes.)*

I

Marie Anne aux champs retrousse ses manches
Et de ses bras nus fait don au soleil ;
Car son époux seul connaîtra ses hanches,
Seul il troublera son calme sommeil.
Née en plein juillet, Marie Anne est reine,
Reine des grands prés où naissent ses sœurs ;
Son cœur est très pur, son âme est sereine,
Sa bouche et ses yeux sont autant de fleurs.

Vieux Thèmes

Musique de E. LEGRAND

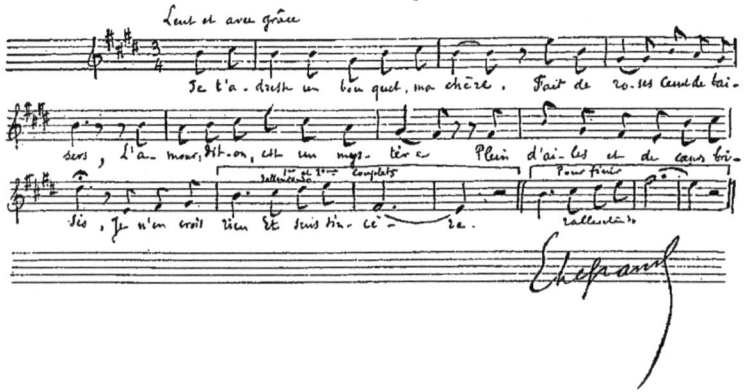

J'ai mis entre tes mains mon cœur et ma jeunesse
Et je t'ai dit : Fais-en tout ce que tu voudras.

Henry Murger.

I

Je t'adresse un bouquet, ma chère,
Fait de roses, ceint de baisers.
L'Amour, dit-on, est un mystère
Plein d'ailes et de cœurs brisés,
Je n'en crois rien et suis sincère.

II

On doute, vois-tu, quand on aime,
Des traits méchants et féminins ;
On écoute la voix suprême
Qui parle aux géants comme aux nains,
Qui fait d'un mot le bonheur même.

III

Accepte aussi mon cœur, Julie,
Car je n'ai qu'en faire sans toi,
Je n'ai qu'un rêve, est-ce folie ?
Te voir un matin sous mon toit
Très décoiffée et plus jolie.

1895.

Pour l'Absente

Pour l'Absente

(Musique de Alfred RABUTEAU.)

I

Le soir assis à la fenêtre,
Les yeux aux étoiles fixés,
Je vois le bonheur apparaître
Au souvenir des jours passés.
Et mon âme vers Elle vole
Avec la brise s'égarant;
La Lyre, ma seconde idole,
Sous mes doigts prélude un doux chant.

C'est le refrain de ma pensée
Qui monte vers le firmament
Où l'écho, cette voix pressée,
Redit mon précieux tourment :
Je l'aime et je suis son amant.

II

Au fond de l'alcôve tendue
De satin pourpre et violet,
Une odeur tiède est répandue ;
Des fleurs grimpent sur le volet ;
De sa fenêtre à son alcôve
Ce n'est que parfums et clarté ;
Tout est coquet et tout est fauve :
C'est le cadre de sa beauté.

Et le refrain de ma pensée
Chez Elle, s'égare souvent,
Et trop tôt la nuit est passée,
Trop tôt blanchit le firmament...
Je l'aime et je suis son amant.

III

Fille bizarre des montagnes,
Femme-fleur de myosotis,
Qui se souvient de ses compagnes,
Qui se souvient de son pays,
Elle partit, vive et discrète,
Disant en désertant mon toit :
« Je reviendrai, mon cher poète,
Ne pleure pas, rappelle-toi ! »

C'est le refrain de ma pensée
Qui chante ainsi tout doucement :
« Ton étoile s'est éclipsée
Pour un jour de ton firmament... »
Mais que fait-elle en ce moment?... —

1884.

Elle dort

ELLE DORT

Ses yeux, sur lesquels je me penche,
S'ouvriront comme la pervenche ;
Rose au fin pétale incarnat,
    Sa bouche close
      Sourira.
Et moi, je cueillerai la pervenche et la rose.

I

Sous mon bras en arceau
Sa chère tête pose ;
Tout comme en son berceau
L'enfant chaste repose,
Elle dort maintenant
Dans le bras de l'amant
Quiète et toute rose.

II

De peur de l'éveiller,
Brusquement ou trop vite,
Mon cœur, tendre oreiller,
De palpiter évite.
Elle dort doucement
Sur le cœur de l'amant
Que le désir invite.

III

Elle dort doucement,
Abandonnée au rêve.
Encore que par moment
Son beau sein se soulève
Comme pour repousser
L'attaque du baiser,
Car l'amour est sans trêve.

Ses yeux sur lesquels je me penche
S'ouvriront comme la pervenche ;
Rose au fin pétale incarnat,
    Sa bouche close
      Sourira.
Et moi, je cueillerai la pervenche et la rose.

2 juin 1898.

Dimanche d'Amoureux

Dimanche d'Amoureux

Musique de Charles POURNY

I

On se lève de grand matin
Pour développer sa toilette,
Y coudre un ruban de satin,
Un flot de tulle, une fleurette.
Toujours dispos à voyager
L'amour, pour plaire à son étoile,
Endosse le veston de toile
Et coiffe le feutre léger.

Les dimanches d'amoureux
Sont toujours de gais dimanches :
Des chants d'oiseaux dans les branches,
Des gerbes d'or par les cieux...
Les dimanches d'amoureux
Sont toujours de beaux dimanches.

II

A la gare on prend un billet
Pour Meudon ou bien Bellevue ;
Déjà l'on pense au frais bosquet
Cachant les couples à la vue.
On déjeunera tendrement
Sur l'herbe de fleurs parsemée :
Il chantera : « Ma bien aimée »
Elle dira : « Mon cher amant »...

Les dimanches d'amoureux
Sont toujours de gais dimanches.
Des chants d'oiseaux dans les branches,
Des gerbes d'or par les cieux...
Les dimanches d'amoureux
Sont toujours de beaux dimanches.

III

Et lorsque le soleil câlin
S'inclinera sur la colline,
Que la lune au teint opalin
Paraîtra jalouse et chagrine,
Un peu las, prêts à sommeiller,
Nos voyageurs reviendront vite ;
Puis sur leur couche si petite,
Se disputeront... l'oreiller...

    Les dimanches d'amoureux
    Sont toujours de gais dimanches,
    Des chants d'oiseaux dans les branches,
    Des gerbes d'or par les cieux...
    Les dimanches d'amoureux
    Sont toujours de beaux dimanches.

Le Poète

Le Poète

Humble rimeur et hardi maître,
Aujourd'hui comme au premier jour,
Veuillez sans honte vous soumettre ;
Le grand poète, c'est l'Amour !

I

Vaincus, je tairai votre nom :
Vous êtes trop dans vos pléiades.
La Femme ce sera Ninon ;
Le pays : Cythère ou Meudon ;
L'Homme, un lourd buveur de rasades.

Un soir, ils se rencontreront,
Le buveur en sera maussade;
La belle, dont les dents riront,
Dira : « quand les cieux blanchiront,
Je veux ton bras, beau camarade... »

Et le lourdaud, sans tituber,
Obéira pour une œillade;
Car nul ne peut se dérober,
L'Etre fut fait pour succomber
Quand l'Amour tend une embuscade.

Humble rimeur et hardi maître,
Aujourd'hui comme au premier jour,
Veuillez sans honte vous soumettre;
Le grand poète, c'est l'Amour!

II

Toi, sculpteur, dont le bras puissant
Lève le bloc que tu transformes,
Qui hanta ton cerveau naissant,
Fouetta dans tes veines le sang?
Vénus, imposante de formes.

Peintre, ton immortel talent
Est-il bien le fruit de l'école ?
Que de fois on te vit, allant
Vers la Fornarine au pas lent
Sans prononcer une parole...

Prosodiste, tes vers exquis,
Tes vers mignards, faisant risette,
Poudrés, musqués comme marquis,
Par ta belle âme, ont pour acquis :
Laure, Manon, Lise, Musette...

Humble rimeur et hardi maître,
Aujourd'hui comme au premier jour,
Veuillez sans honte vous soumettre :
Le grand poète, c'est l'Amour

1892

III

La Raison

La Raison

A Eugène Lemercier.

I

« L'Homme trop souvent, certe,
Régna par ses défauts ;
Mais ce dont il disserte,
Du brin d'herbe à la faulx,
Chancelle et tombe, en somme,
Devant la faulx du temps :
Les longs travaux de l'homme
Ne durent pas longtemps.

II

» Par hasard un génie
Naît de l'humain bétail,
Aussitôt on le nie,
C'est un épouvantail ;
Qu'il meure, alors l'histoire
N'a pas assez de chants
Pour l'exalter : la gloire
Fait la nique aux vivants.

III

» Pour remettre à sa place
Toute chose ici-bas,
Il me faudrait la grâce,
Hélas, que je n'ai pas ;
Malgré mon énergie,
Et mes sermons constants,
J'ai grand'peur que l'orgie
Dure encore longtemps...

IV

» Pourtant un hymne monte,
Partout j'entends des voix
Qui flétrissent la honte ;
Et, déjà, j'entrevois,
Bien que lointaine, une aube,
Fille des vieux Printemps,
Qui porte dans sa robe
La lumière des temps. »

1892

Au temps des Bergères

Au Temps des Bergères

Musique de Georges FRAGEROLLE.

A Mme M. G. Lami.

I

Au temps des bergères
On pouvait aimer ;
L'amour n'était point parmi les chimères,
Les vrais baisers point vendus aux enchères ;
Même les rivaux savaient parfumer
Le mot qui devait le cœur abîmer,
Au temps des bergères.

II

Au temps des bergères
On pouvait aimer ;
Car le ciel était venu sur la terre ;
Tout semblait exquis, même l'adultère.
Et, comme un brigand, le mari jaloux
N'assassinait pas l'amant à genoux,
Au temps des bergères

III

Au temps des bergères
On pouvait aimer ;
C'était au champ clos, entre deux épées
A nœuds de rubans, fines épopées.
La Dame en émoi donnait au vainqueur
Une rose rose et son frêle cœur,
Au temps des bergères.

IV

Au temps des bergères
On ne voyait pas,
Du matin au soir, sur la bicyclette,
La femme élégante et, pourtant, coquette
De ses pieds mignons, de ses fiers appas...
On pouvait les suivre à tout petits pas,
Au temps des bergères.

V

Au temps des bergères
On savait aimer;
On avait le droit de naître poète,
En vrai troubadour, de perdre la tête,
De chanter sa Mie, et dans plus d'un ton, —
Ton, taine — seuls, les rois aimaient Gothon,
Au temps des bergères.

22 juin 1896.

Editeur de la musique A. Dorey, Paris.

La chanson de l'Inconnue

LA CHANSON DE L'INCONNUE

(Musique d'Adolf STANISLAS)

I

Votre caprice exquis, Madame,
Est de connaître dans l'instant
Celle que tout bas j'aime tant,
Celle à qui j'ai donné mon âme ;
Mais je trahirais mon serment
Si je vous la nommais sur l'heure...
Et puis, j'ai peur, à tout moment,
Que son amour ne soit qu'un leurre.

II

Seul, un poète eut pu, pour Elle,
Amasser les pierres, les ors
Des vocables, très purs trésors
Qu'un papillon porte sur l'aile ;
Seul, un peintre eut pu, sans décor,
Dire sa beauté sur la toile ;
Dieu seul eut pu refaire encor
Tout le ciel pour... pour une étoile.

III

Je ne suis Dieu, Peintre ou Poète,
Mais j'ai l'âme d'un doux chanteur,
Et de tout son être enchanteur,
De son pied divin à sa tête
Monte une strophe, âpre à griser,
Tantôt tendre et tantôt farouche...
Et je connaîtrais son baiser,
Si je le prenais sur ta bouche.

Éditeur de la musique Guetteville, Paris.

Brûlez vos lettres d'Amour

Brûlez vos lettres d'Amour

Musique d'Eugène STŒRKEL

A Georges Montorgueil.

1

Oh ! siècle d'informations !
Laissera-t-on quelques légendes,
En l'histoire des nations,
Survivre naïves et grandes ?
L'alcôve gardait un secret,
Mais, quelqu'un faisant la lumière,
On sait maintenant que Musset
Fut trompé tout comme Molière.

Ah ! brûlez vos lettres d'amour
Si vous ne voulez pas qu'un jour
La postérité s'en empare...
 Brûlez vos lettres d'amour.

II

On raconta tout sur les rois,
Sur les gens d'épée et de robe ;
Et le chroniqueur aux abois
Qui, subtilement, se dérobe
Derrière le moderne esprit
De reportages et d'enquête,
Met à nu petit à petit
La chair, non l'âme du poète.

Ah ! brûlez vos lettres d'amour
Si vous ne voulez pas qu'un jour
La postérité s'en empare...
 Brûlez vos lettres d'amour.

III

Vous tous, les gueux et les damnés,
Ceux à qui la vie est rebelle,
Et les heureux aussi, tous nés
Du sein de la femme éternelle,

Cachez au fond de votre cœur,
Tel un fossoyeur héroïque,
L'image chérie et, moqueur,
Riez au nez de la chronique.

Ah ! brûlez vos lettres d'amour
Si vous ne voulez pas qu'un jour
La postérité s'en empare...
   Brûlez vos lettres d'amour.

La Blessure

LA BLESSURE

A Louis Olivier.

I

J'ai peur en te racontant
Tout bas mon douloureux songe...
Et tu m'aimes bien pourtant ;
Puis, tout songe, tout mensonge.
Un pleur voile tes chers yeux,
Tes yeux changeants, fleurs parlantes ;
Mais le rire erre joyeux
Sur tes lèvres consolantes.

II

Méchante comme une enfant,
Entre tes mains fuselées
Tu tenais en l'étouffant,
Mon cœur ; et des envolées
De joie égayaient tes yeux,
Tes yeux changeants, fleurs de fée,
Où seule, Iris prend ses feux,
L'écharpe au ciel agrafée.

III

Or sous tes pieds si petits,
Tu jetas ce ballon rouge
Et, dansant, tu l'aplatis
En chantant : « petit cœur bouge... »
Ton souffle me réveilla :
La brume fut emportée,
Mais je souffre toujours là —
Car la blessure est restée.

1895.

Chanson de Septembre

Chanson de Septembre

Musique de Eugène PONCIN

I

Et déjà la pluie et les vents
Tourbillonnent, rasant les faîtes ;
Le soleil fuit les cieux mouvants,
Loin des champs où moissons sont faites.
Le Théâtre ouvre son foyer
Où, sous la factice lumière,
Nana pourra se marier
Avec un bouffon de Molière.

Septembre, précurseur
Des autans de mon cœur,
De ton souffle tu fanes
Le jardin de mon cœur
Où des roses profanes
Souriaient, l'air moqueur.

II

Plaisirs bruyants, pensers joyeux,
Vont planer sur toutes les fêtes ;
Les orchestres harmonieux
Préludent des valses parfaites.
Et quand, tel jadis au Tournoi,
Pour la joute chacun s'apprête,
Une voix tout au fond de moi
Me parle encor de la coquette.

    Septembre, précurseur
    Des autans de mon cœur,
    De ton souffle tu fanes
    Le jardin de mon cœur
    Où des roses profanes
    Souriaient, l'air moqueur.

III

O femme ! ton cruel regard,
Parfois plein de mélancolie,
A dissipé l'épais brouillard
Qui se prêtait à ma folie :

J'ai vu tes yeux bien tendrement
Se poser sur les yeux d'un autre;
Qu'il soit ton époux, ton amant,
Il t'aime... et je suis son apôtre...

    Septembre, précurseur
    Des autans de mon cœur,
    De ton souffle tu fanes
    Le jardin de mon cœur
    Où des roses profanes
    Souriaient, l'air moqueur.

Chanson de Buveur

CHANSON DE BUVEUR

(Musique de GOUBLIER.)

à *Paul Berthelot*.

I

Sur les coteaux vraiment superbes,
J'ai vu monter les vignerons ;
J'ai vu, parmi les hautes herbes,
Les vigneronnes aux seins ronds.
Les grappes éclataient vermeilles —
Le vocable n'est pas nouveau,
Je le donne pour ce qu'il vaut —
Mettez le soleil en bouteilles

II

Les jeunes gars, les jeunes *garces*
Se fiançaient à qui mieux mieux ;
Et les vieux, devenus comparses,
Riaient dans leur barbe de vieux :
« O les *jeunesses* sans pareilles,
Du mois d'octobre au mois de mai,
Tant que la sève le permet,
Mettez bien l'amour en bouteilles ! »

III

Pour que vos fils de vos vendanges
Goûtent aussi le sang divin,
Pendez ceux qui font des mélanges,
Ceux qui frelatent le bon vin ;
Qu'en les caves creuses et vieilles
Le jeune vin soit descendu...
Plus tard, il sera répandu ;
Mettez l'avenir en bouteilles.

IV

Enfin, que le vin dans nos veines
Coule pur avec le sang pur,
Et que pourrissent toutes haines
Sous les ceps, lourds de raisin mûr.
Que des penseurs toutes les veilles
Cessent d'être de vains efforts ;
La vigne pousse autour des forts :
Qu'on mette la paix en bouteilles !

Juillet 1892.

Editeur de la Musique : Eveillard, Paris

Chanson d'Hiver

Chanson d'Hiver

(Musique de Ad. GAUWIN.)

A Amédée Tillard.

I

C'est le premier hiver, qui depuis notre hymen,
    Met des plaintes dans la nature
Et, des hautes forêts dépouillant l'ossature,
    De feuilles jonche le chemin ;
    Heureux de l'amour qui nous lie,
    Nous nous sourions enivrés —
    Combien tu sembles plus jolie
      Sous tes cheveux givrés.

II

Et frileuse et frileux, nous nous sommes couverts
  Comme pour un lointain voyage;
Mais le Petit Poucet de ce pauvre village
  — Haillons à tous les vents ouverts —
  S'arrête devant nous et pleure...
  Bientôt ses yeux sont rassurés —
  Ah! combien tu sembles meilleure
    Sous tes cheveux givrés.

III

Quand les ans, nos hivers, auront vraiment blanchi
  Mon front rêveur, ta tête folle,
Moins ferme de jarret, plus aigre en ta parole,
  Le regard toujours réfléchi,
  Vieille enfant tu seras l'aïeule...
  Travaillons aux bambins rêvés
  Pour que tu ne sois jamais seule
    Sous tes cheveux givrés.

Editeur de la Musique : Joubert, Paris.

Chanson de Noël

CHANSON DE NOËL

(Musique de F. TOULMOUCHE)

I

Le bourdon des clochers antiques,
La lumière sous les portiques
— Et par les vitraux de couleur —
Annoncent la messe aux fidèles ;
Minuit plane de ses douze ailes —
Oiseau de bonheur et malheur...

La neige lentement oppose
Sa blancheur à la nuit sans fin —
Va-t'en voir si la rose
    Est éclose
    Au jardin !

II

Cependant dans la cheminée
La flamme ardente, déchaînée,
Voit tourner une oie aux marrons ;
Et Gertrude, Hortense, ou Julie,
Vieille, jeune, laide ou jolie
Met le couvert pour les patrons.

Dehors, dehors la neige oppose
Sa blancheur à la nuit sans fin —
Va-t'en voir si la rose
     Est éclose
     Au jardin !

III

Pour les gueux c'est quasiment fête :
Pour peu qu'ils se mettent en tête
De gagner leur part du gâteau ;
Ils inventent mille commerces...
Et par la bise et les averses,
Ils dressent leur humble tréteau...

La neige lentement oppose
Sa blancheur à la nuit sans fin —
Va-t'en voir si la rose
     Est éclose
     Au jardin !

IV

Mais alors que chacun s'agite,
Du riche hôtel au pauvre gîte,
Un ange s'endort anxieux ;
Il a promis d'être bien sage :
Quel sera le charmant message
Qu'il croit devoir venir des cieux ?

Dehors, dehors la neige oppose
Sa blancheur à la nuit sans fin —
Va-t'en voir si la rose
      Est éclose
      Au jardin !

Editeur de la musique : Joubert, Paris.

Son Amant

SON AMANT

Musique de Gustave GOUBLIER.

I

Tu demandes de quoi je meurs
A tous mes amis, aux docteurs...
Je meurs d'un mal que tu fis naître ;
Mais, ne connisasant pas mon mal,
Chacun répond d'un ton banal :
« Qui sait, il guérira peut-être. »

II

J'ai cru que je serais plus fort,
Que je pourrais vaincre la mort,
Qui depuis deux ans me tourmente ;
Te perdre était mon seul regret,
Je vais te dire mon secret,
Ma chère, ma très chère amante.

III

Je te vis un soir au jardin
Descendre pressée et soudain
Une autre ombre coupa l'allée ;
Puis deux formes, distinctement,
Se rapprochant étroitement,
S'enfoncèrent sous la feuillée.

IV

Et j'eusse, le cœur m'étouffant,
Voulu pleurer comme un enfant ;
En vain, j'essayais de comprendre ;
Je voulais et ne voulais pas
Me précipiter sur tes pas
J'avais peur, peur de vous surprendre ;

V

Car, alors, je t'aurais, d'un coup,
Planté mon arme dans le cou
Pour te clouer contre la terre...
C'était te perdre à tout jamais,
J'eus peur, je t'aimais, je t'aimais
Et j'eus la force de me taire.

VI

Je m'éteins petit à petit...
Tu vois, je n'ai jamais menti,
Alors que je disais : Je t'aime !
Pardonne-moi... puis... promets-moi
Que... là-bas, ce sera de toi
Que me viendra le chrysanthème.

1893

Editeur de la Musique: Eveillard, Paris

TABLES

Table du Texte

Préface :
Béranger et la Chanson (Jules Claretie). I à XIV

Pages

I

L'Amour à Séville	5
Le Coupeur de Lys	15
Mariette	23
Passionnément	29
Jamais!	35
Le Printemps rose	40
Le Sphinx	45
La Chanson de Pierrot	54
Aux Etoiles	60
La Meunière du joli Moulin	65
Chanson vécue	70
Berceuse pour l'empêcher de dormir	75
Folies de toutes Saisons	80
L'Aveugle	85
Ariette ancienne	92
Noces d'Or	99
Chanson symbolique	105
Adieu Bergère!	109
La Prière du Moine	118
Le Cerisier	124
La première Chanson	145
La Rose et les Bluets	131
Le Cantonnier	138
La meilleure Chanson	149

	Pages
La Lettre	155
Promenade au large	160
Rondel pour l'Enfant	168
Les Yeux	171

II

L'Escholier	179
La Fleur d'Amour	183
Bergers Watteau	190
Les deux Roses	195
Repentir	199
Gavotte et Chanson	204
En ce temps-là	210
La Cocarde	217
En 89	223
Vieux Thème	227
Pour l'Absente	233
Elle dort	239
Dimanches d'Amoureux	246
Le Poète	25

III

La Raison	259
Au temps des Bergères	266
La Chanson de l'Inconnue	271
Brûlez vos lettres d'Amour	275
La Blessure	281
Chanson de Septembre	286
Chanson de Buveur	291
Chanson d'hiver	297
Chanson de Noël	299
Son Amant	309

Table de la Musique et des Dessins

Couverture de Maurice de Lambert,
Dessin en couleur de M. G. Lami, page de garde
Portrait.
Dessin de Léandre.

I

	Pages	
L'Amour à Séville, dessin de G. Lampuré	5	
Le Coupeur de Lys, dessin de L. de Monard	11	
— reprod. de la statuette de H. Bouillon	12 *bis*	
— musique de E. Baudot.	13 et	14
Mariette, musiq. manuscrite de Paul Blétry	21 et	22
Passionnément, musique de Paul Henrion	29	
Jamais, dessin en couleur de Guirand de Scevola....................	34 *bis*	
Le Printemps rose, croquis de M. G. Lami	38	
— musique de G. Marietti	39 et	40
Le Sphinx, croquis de M. G. Lami......	46	
La Chanson de Pierrot, dessin de G. Redon	51	
— mus. de P. Blétry.	53	
Aux Etoiles, musique de G. Charton...	59 et	60
Chanson vécue, musique manuscrite de Ch.-L. Hess..........	69	18.

	Pages
Folies de toutes Saisons, mus. manuscrite de H. Bresles..	79
Ariette ancienne, musique manuscrite de Ben Tayoux.........	91
Noces d'or, dessin de Aimé Perret......	97
— mus. manusc. de Ch.-L. Hess	100 et 101
La Prière du Moine, dessin de Widhopff.	115
— musique manuscrite de G. Marietti....	117
Le Cerisier, air de J.-J. Rousseau.......	123
La Rose et les Bluets, mélodie d'E. Teulet	129 et 130
— croq. de Guglielmi	131 et 132
Le Cantonnier, dessin de Grün, J........	135
— mus. manusc. de D. Dihau	137
Promenade au Large, mus. de J. Macquaire	159 et 160
Rondel pour l'enfant, dessin de L. Malteste	165
— musique manuscrite de Ch.-L. Hess....	167

II

L'Escholier, dessin de E. Pichio.........	177
Bergers Watteau, croquis de M. G. Lami.	188
— musique de J. Gauchin	189
Repentir, dessin en couleur de M. G. Lami	198 *bis*
— musique d'Eugène Hyard......	199
Gavotte et Chanson, musique manuscrite d'Esteban Marti..	203
— croquis de M. G. Lami	204
En ce temps-là, croquis de M. G. Lami . .	208
— mus. manus. de L. Delerue	209 et 210

	Pages
La Cocarde, dessin de Louis Malteste..	215
En 89, croquis de Guillaume................	221
Vieux thème, mus. manuscrire d'Emile Legrand	227
Pour l'Absente, dessin de Guglielmi..........	231
Dimanches d'Amoureux, dessin de Maurice Neumont..........	243
— mus. de Ch. Pourny...	245

III

Au Temps des Bergères, mus. de G. Fragerolle.	265
Brûlez vos lettres d'Amour, musique d'Eugène Stœrkel.....	275
Chanson de Septembre, mus. manuscrite d'Eug. Poncin......	285
Chanson de Noël, dessin de F. Mezzara......	301
Son Amant, musique de G. Goublier.	309
croquis de M. G. Lami...........	312

www.ingramcontent.com/pod-product-compliance
Lightning Source LLC
Chambersburg PA
CBHW050753170426
43202CB00013B/2403